Brigitte Casagranda

Bougies

Photos
Sylvie Vernichon

Hachette

SOMMAIRE

Introduction

Voici quelques créations originales qui donneront un air de fête ou d'intimité à vos tables ou rebords de fenêtres.
Pour cet instant magique les règles de base sont faciles ; sans matériel sophistiqué vous aurez beaucoup de plaisir à réaliser vos propres bougies en les coulant, les modelant, en les colorant ou en les parfumant. Vous pourrez au fur et à mesure les décorer, les peindre et les associer à d'autres matériaux tels que des paillettes, des bris de verre dépolis et autres merveilles ramassées au gré de vos envies. N'oubliez pas qu'elles peuvent également flotter. Vous pourrez les offrir à maintes occasions en les personnalisant ou en les associant à des événements uniques.

Les fournitures de base

La paraffine

La *paraffine* est le produit de base pour la fabrication des bougies. Elle se présente sous différentes formes : en poudre ou en paillettes de couleur blanche. Vous la ferez fondre au bain-marie entre 50 °C et 90 °C.
La *poudre de stéarine* : il est préférable de la faire fondre avant la paraffine. Vous ajouterez ensuite le colorant, puis la paraffine.
Prévoyez 90 % de paraffine pour 10 % de poudre de stéarine, elle est indispensable pour le démoulage des bougies et les empêche également de couler.
Bon à savoir : les magasins de travaux manuel proposent de la *cire prête à l'emploi*, qui contient déjà le mélange paraffine + poudre de stéarine. Elle est vendue par sacs.

Le gel

Il s'achète en pots prêts à l'emploi.
Il suffit de le faire fondre soit dans une vieille casserole que vous réserverez à cet usage, soit au bain-marie entre 70 °C et 90 °C, en suivant les instructions portées sur l'emballage.
Pour teinter vos gels, vous n'aurez qu'à ajouter quelques gouttes de colorants liquides.
Une fois la mèche fixée, vous pourrez couler votre gel dans le récipient transparent que vous aurez choisi, en intégrant des décorations ou bien du gel en morceaux pour varier les effets de transparence.
Astuce : pour que la mèche reste bien droite tout au long de la fabrication de la bougie, fabriquez, à l'aide d'une pince à linge et de 2 baguettes de bois collées de part et d'autre, un petit ustensile qui aidera à la maintenir (voir photo p. 11).

Les colorants

Ils existent sous différents aspects : liquide, conditionné en petits flacons, ou en petites pastilles. Pour ma part, j'aime beaucoup me servir de crayons pastel que je casse en petits morceaux et que j'ajoute et mélange pour obtenir de jolies teintes que l'on ne peut avoir avec les colorants vendus dans le commerce.

Les mèches

Elles sont vendues soit souples à découper, soit enduites de paraffine et déjà coupées (quelquefois elles sont montées sur socles).
Pour raidir votre mèche, trempez-la dans un peu de paraffine et tendez-la, laissez-la sécher quelques secondes.

Les moules

Il existe des moules en caoutchouc, en plastique blanc, en plastique transparent.
Vous pouvez également vous servir de bocaux de verre que vous casserez.
Autre possibilité : vous pouvez fabriquer vos moules en vous servant de boîtes de conserve, de boîtes en bois comme les boîtes à thé, ou d'emballages de jus de fruits, d'œufs en chocolat en plastique rigide. Il est possible aussi de se servir d'une coquille d'œuf vidée et lavée.

Les parfums

Vous les trouverez en vente dans les magasins spécialisés, conditionnés en petits flacons. Il suffit d'ajouter quelques gouttes dans la cire fondue.

Le vernis

Il existe un vernis spécial bougies à passer en une couche à l'aide d'un pinceau. Il donne un aspect brillant aux bougies.

Le matériel de fabrication

Vous souhaitez vous amuser mais aussi réaliser des bougies bien finies. Ces accessoires sont faciles à réunir et vous deviendront vite indispensables.

- Une plaque chauffante.
- Un bain-marie pour faire fondre la cire (grande casserole + bocaux à confiture ou boîtes de conserve).
- Une petite casserole pour faire fondre le gel.
- Une planche à découper supportant la chaleur.
- Des baguettes de bois, une pince à linge.
- Un couteau de cuisine, des emporte-pièce.
- Un ouvre-boîtes, des ciseaux.
- Un entonnoir.
- Un chiffon, du papier ménager.
- Des brosses.
- Des pinceaux.
- Du ruban adhésif.

Autres types de matériaux

Ces matériaux aux emplois variés permettent la réalisation de bougies originales.
Leur emploi sera expliqué selon les modèles proposés.

- Coquillages, sable, galets, étoiles de mer, petits morceaux de verre dépoli ramassés sur la plage.
- Cailloux, cailloux de verre de différentes couleurs.
- Copeaux de cuivre, fil de laiton.
- Paillettes et perles de différentes formes et couleurs.
- Fleurs, pétales, feuilles séchées, lamelles de bois.
- Rondelles de citron et d'orange.
- Grains de café, de poivre rose, petits piments séchés, bâtons de cannelle, anis étoilé...

Profitez des modèles décrits dans ce guide, donnez libre cours à votre imagination et créez vos propres bougies !

__1.__ Moules de formes variées. __2.__ Vernis pour bougies. __3.__ Peinture. __4.__ Paraffine en pastilles pour bougies. __5.__ Gel cristal. __6.__ Cire de différentes teintes. __7.__ Paraffine en pastilles. __8.__ Mèche de coton. __9.__ Paillettes, copeaux de cuivre.

PETITES BOUGIES CANNELLE

PETITES BOUGIES
CANNELLE

FOURNITURES

- *Petits pots à confiture*
- *Cire blanche à faire fondre*
- *1/2 crayon pastel brun-beige*
- *Essence de cannelle*
- *Mèche de coton*
- *Baguette de bois*
- *Rafia naturel*
- *Lamelles de bois (pot-pourri)*

1 Faites fondre la cire blanche au bain-marie.

2 Ajoutez un morceau de pastel pour colorer la cire ainsi que quelques gouttes d'essence de cannelle, et tournez à l'aide de la baguette pour obtenir un mélange homogène.

3 Fixez la mèche au fond du petit pot de verre en faisant couler quelques gouttes de cire chaude.

4 Laissez refroidir quelques minutes, puis complétez avec la cire teintée.

5 Laissez refroidir complètement.

6 Pour démouler, enveloppez le petit pot dans un torchon et, à l'aide d'un marteau, brisez-le d'un coup sec. Essuyez soigneusement la bougie avec un torchon afin de retirer tous les éclats de verre.

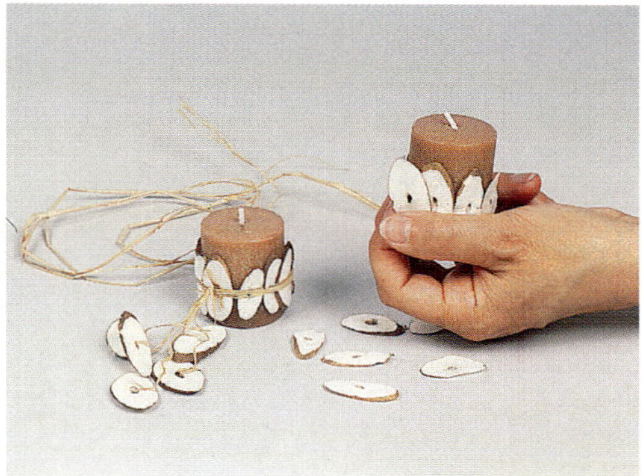

7 Décorez votre bougie de lamelles de bois liées avec un brin de rafia.

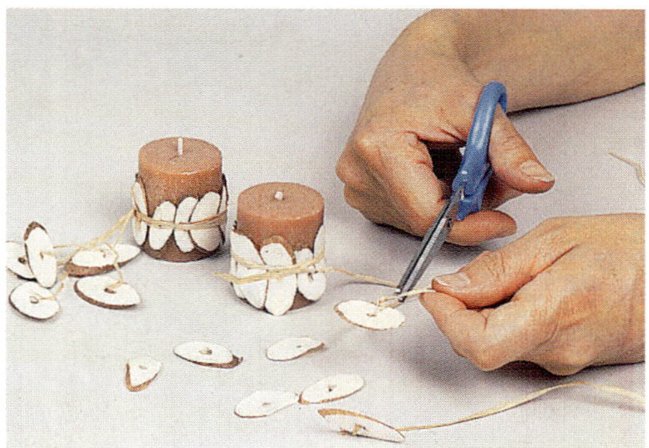

8 Coupez le surplus de rafia.

Mon conseil

Ces bougies pourront être placées comme marque-place près des assiettes des convives.

PASTILLES BLEUES ET POUDRE JAUNE

PASTILLES BLEUES

ET POUDRE JAUNE

FOURNITURES

- *1 vase de verre*
- *1 sac de cire bleue en pastilles*
- *1 sachet de cire jaune en poudre*
- *1 petite bougie fine*

1 Versez une poignée de pastilles en cire bleue au fond du vase et installez la bougie.

2 Ajoutez une couche de cire jaune en poudre (aidez-vous d'une cuillère).

3 Versez à nouveau un peu de cire bleue en pastilles, puis de cire jaune en poudre et continuez ainsi jusqu'à la hauteur désirée.

Mon conseil

Cette bougie peut être entièrement réalisée par un jeune enfant. Il n'y a aucun danger de manipulation.

BOUGIE GEL ROUGE LAITON ET PAILLETTES OR

BOUGIE GEL ROUGE

LAITON ET PAILLETTES OR

FOURNITURES

- *1 vase de verre*
- *Gel à faire fondre et gel en morceaux*
- *Colorant rouge liquide*
- *Mèche de coton*
- *2 baguettes de bois*
- *Pince à linge*
- *Fil de laiton*
- *Mousse rouge*
- *Paillettes or*

1 *Faites fondre le gel dans une vieille casserole réservée à cet usage.*

2 *Ajoutez quelques gouttes de colorant rouge et mélangez à l'aide d'une baguette. Vérifiez votre couleur en prélevant quelques gouttes de gel que vous poserez sur votre plan de travail ou dans une coupelle.*

3 *Fixez la mèche au centre du vase en faisant couler quelques gouttes de gel fondu et maintenez-la bien droite à l'aide des 2 baguettes et de la pince à linge.*

4 *Disposez au fond du vase quelques tortillons de fil de laiton et des morceaux de mousse rouge.*

5 *Placez quelques morceaux de gel à froid.*

6 *Versez le gel coloré de rouge sur la décoration, mais pas en totalité, laissez-le prendre et refroidir.*

7 *Dispersez 1 à 2 pincées de paillettes or à la surface du gel et quelques tortillons de fil de laiton.*

8 *Versez le restant de gel liquide rouge.*

Bougie rosée « millefeuille »

BOUGIE ROSÉE
« MILLEFEUILLE »

FOURNITURES

- *Cire blanche à faire fondre*
- *Colorants (rose pâle, orange, rose fuchsia)*
- *Mèche*
- *Baguette de bois*
- *Emporte-pièce dentelé et rond*
- *Une paille*
- *Couteau de cuisine*

1 Faites fondre la cire blanche au bain-marie dans 3 bocaux ou boîtes de conserve.

2 Ajoutez les colorants dans les bocaux pour teinter la cire.

3 Mélangez à l'aide de la baguette de bois pour que les colorants se répartissent bien.

4 Étalez une cire sur le plan de travail ou une planche à découper.

5 Laissez-la prendre et refroidir.

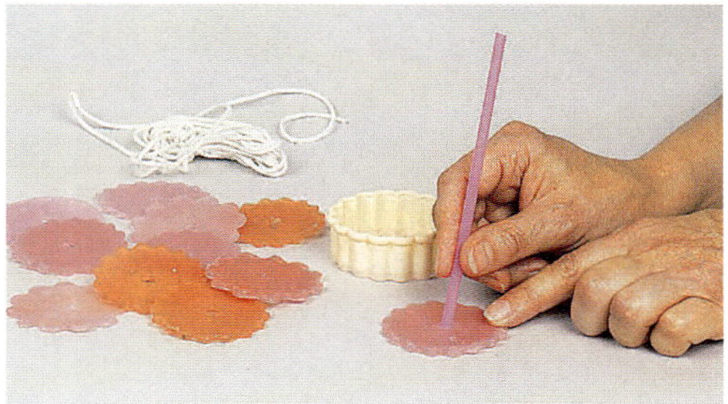

6 À l'aide des emporte-pièces, découpez des rondelles. Percez-les ensuite avec la paille.

7 Détachez-les délicatement avec le couteau. Réservez-les et laissez-les refroidir.

8 Recommencez l'opération avec une autre couleur.

9 Enfilez les rondelles sur la mèche jusqu'à la hauteur désirée en intercalant ou mélangeant les couleurs des rondelles entre elles.

CÔNES BLEUTÉS

FOURNITURES

- 1 moule conique en plastique
- Cire blanche à faire fondre
- Crayons pastel (bleu, bleu marine, vert)
- Mèche de coton
- Scotch

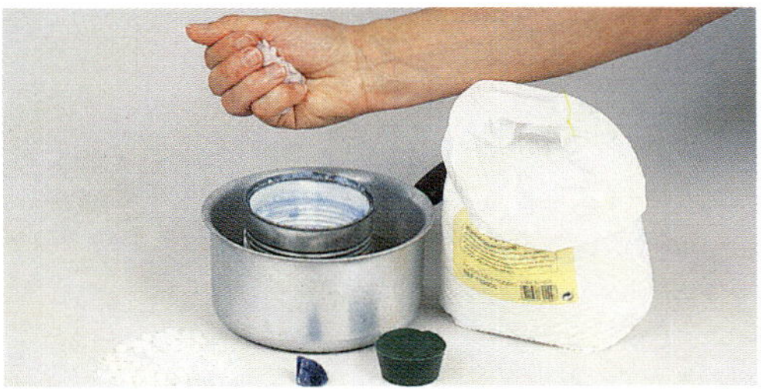

1 Préparez dans une grande casserole un bain-marie dans lequel vous disposez plusieurs boîtes de conserve pour chauffer et teinter la cire blanche en :

2 Bleu pâle avec un petit morceau de pastel bleu,

3 Bleu soutenu avec la moitié d'un pastel bleu marine,

4 Vert d'eau avec une moitié de bleu et une moitié de vert,

5 Vert avec un morceau de pastel vert.

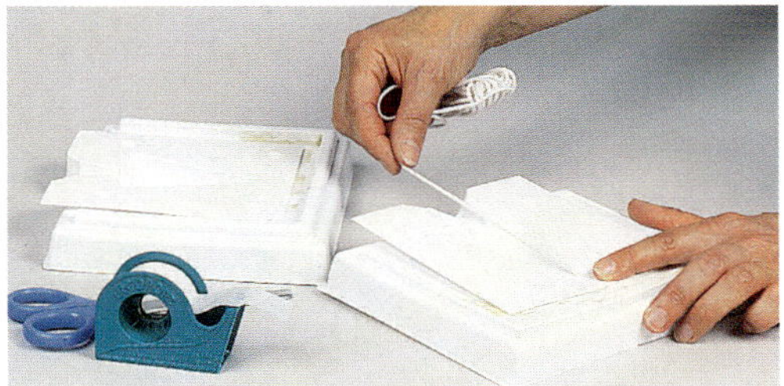

6 Disposez la mèche à l'intérieur du moule et maintenez-la à l'aide d'un morceau de Scotch.

7 Refermez le moule et scotchez soigneusement les côtés pour éviter toute coulure de cire chaude.

8 Placez le moule verticalement sur son support.

9 Versez un peu de cire et laissez-la refroidir avant d'ajouter une autre cire teintée différemment.

10 Attendez que la bougie soit complètement refroidie pour démouler.

Bougie gel et copeaux de cuivre

Bougie gel
ET COPEAUX DE CUIVRE

FOURNITURES

- *1 petit vase de verre*
- *Gel à faire fondre et gel en morceaux*
- *Mèche de coton*
- *Baguette de bois*
- *Copeaux de cuivre*

1 *Faites fondre le gel directement dans une vieille casserole réservée à cet usage.*

2 *Fixez la mèche au fond du vase à l'aide de quelques gouttes de gel fondu que vous laisserez prendre. Maintenez-la enroulée sur la baguette posée sur les bords du vase. Placez un copeau de cuivre.*

3 *Positionnez autour de la mèche quelques morceaux de gel, puis un copeau, et ainsi de suite jusqu'à 1 cm du bord du vase.*

4 *Versez doucement le gel fondu à la surface des morceaux de gel, il va couler jusqu'au fond en fixant morceaux de gel et copeaux de cuivre entre eux. Laissez refroidir.*

Cœurs brisés

Cœurs brisés

F O U R N I T U R E S

- *1 moule en forme de cœur*
- *Cire blanche à faire fondre*
- *Mèche de coton*
- *Bougie ou cire en morceaux roses et rouges*
- *Couteau de cuisine*
- *Scotch*

1 *Découpez de nombreux morceaux de bougies rouges et roses sur votre plan de travail à l'aide du couteau de cuisine.*

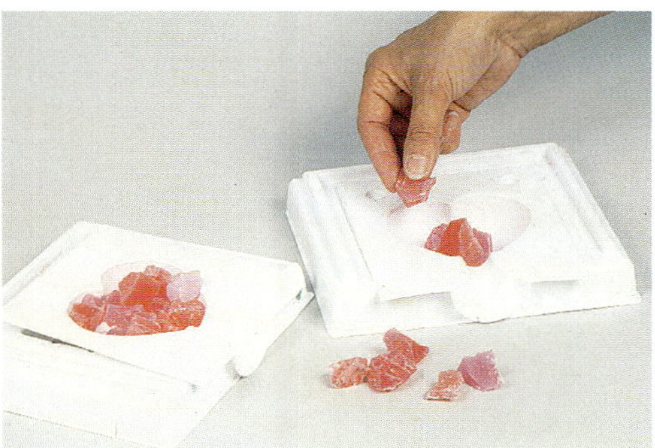

2 *Disposez-les dans le moule.*

3 *Placez la mèche de coton de part en part, maintenez-la avec un petit morceau de Scotch.*

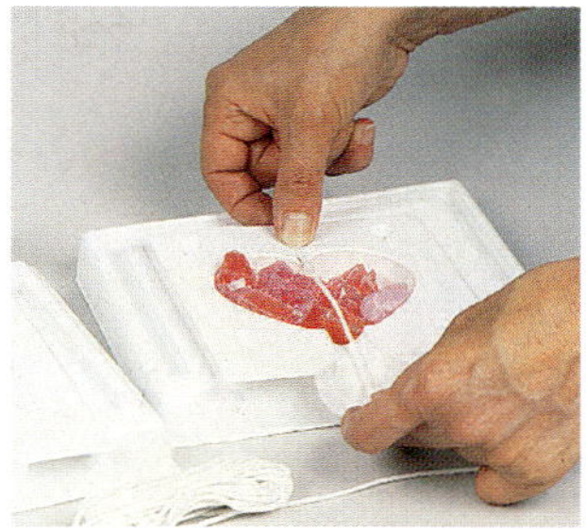

4 *Refermez le moule. Scotchez soigneusement les côtés du moule pour assurer son étanchéité.*

5 *Placez le moule verticalement sur son support.*

6 *Faites chauffer la cire blanche au bain-marie et versez-la dans le moule.*

7 *Placez aussitôt le moule dans un récipient rempli d'eau froide, afin de permettre à la cire blanche de prendre rapidement autour des morceaux de bougie sans les faire fondre. Ils seront ainsi soudés entre eux.*

8 *Laissez refroidir pendant quelques heures.*

9 *Pour démouler, retirez l'adhésif qui entoure les côtés du moule, puis libérez délicatement la bougie.*

Bougies vertes

F O U R N I T U R E S

- *1 moule en bois (ici une boîte à thé)*
- *Cire blanche en pastilles*
- *Colorants (vert, jaune, bleu)*
- *Mèche de coton*
- *Baguette de bois*
- *Vaseline ou liquide vaisselle*
- *Pinceau large*
- *Élastiques*

1 *Placez 3 boîtes de conserve ou bocaux dans le bain-marie.*

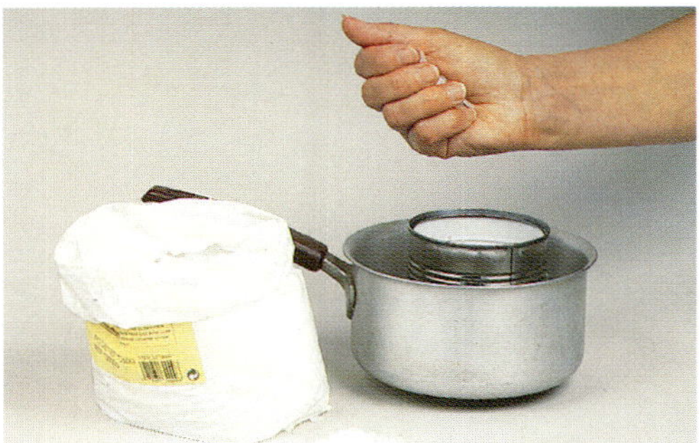

2 *Mettez dans chacune d'elles quelques poignées de cire en pastilles.*

3 *Ajoutez un morceau de colorant vert dans une boîte.*

4 *Puis, dans une autre boîte, un morceau de colorant vert et un morceau de colorant jaune.*

5 *Puis un morceau de colorant vert et un morceau de colorant bleu dans la troisième. (Vous obtiendrez ainsi différents tons de cire verte.)*

6 *Ouvrez le moule et badigeonnez les parois de vaseline ou de liquide vaisselle à l'aide du pinceau.*

7 *Reconstituez le moule en maintenant les parois avec plusieurs élastiques.*

8 *Disposez la mèche et maintenez-la enroulée sur la baguette posée sur les bords du moule.*

9 *Versez la cire et laissez refroidir 1 heure avant d'ajouter un autre ton.*

10 *Laissez refroidir complètement la bougie.*

11 *Pour démouler, retirez les élastiques et dégagez délicatement la bougie. Essuyez-la à l'aide d'une feuille de papier absorbant ou d'un chiffon pour retirer le surplus de vaseline ou de liquide vaisselle.*

BOUGIE BOULE BLEUTÉE

BOUGIE BOULE
BLEUTÉE

FOURNITURES

- *1 gros moule sphérique*
- *2,6 kg de cire blanche à faire fondre*
- *Crayons pastel (bleu clair, bleu foncé, turquoise...)*
- *Mèche de coton*
- *Baguette de bois*
- *Entonnoir*
- *Liquide vaisselle ou vaseline*
- *Pinceau large*
- *Scotch*

1 Répartissez la cire blanche dans 5 ou 6 bocaux à confiture ou boîtes de conserve et faites-la fondre au bain-marie. Une fois la cire à l'état liquide, ajoutez un morceau de pastel bleu, en choisissant des tons différents pour chaque boîte de conserve.

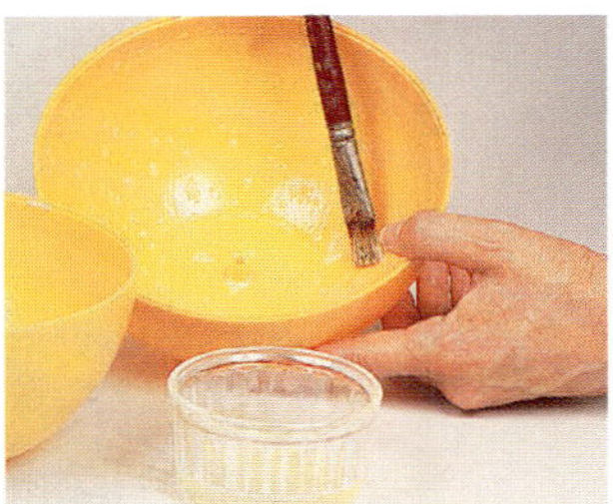

2 Enduisez le moule de liquide vaisselle ou de vaseline à l'aide du pinceau.

3 Placez la mèche, en l'enroulant sur la baguette posée sur les bords de la première moitié du moule.

4 Faites couler de la cire bleue et laissez-la prendre pendant 1 à 2 heures avant d'ajouter une autre couleur.

5 À mi-hauteur, fermez le moule en faisant passer la mèche par le haut.

6 Scotchez tout le pourtour du moule pour éviter les coulures de cire chaude.

7 À l'aide de l'entonnoir, versez les dernières couches bleues. Attendez 1 heure entre chaque rajout afin que la cire prenne et refroidisse. Vous éviterez ainsi que les teintes ne se mélangent.

8 Laissez refroidir une nuit complète. Pour démouler, retirez l'adhésif qui entoure le moule et libérez la bougie.

9 Essuyez la bougie à l'aide d'un papier absorbant pour retirer le surplus de vaseline ou de liquide vaisselle.

BOUGIE GEL CITRON, ORANGE ET CANNELLE

BOUGIE GEL

CITRON, ORANGE ET CANNELLE

FOURNITURES

- *1 vase de verre*
- *Gel à faire fondre et gel en morceaux*
- *Mèche de coton*
- *2 baguettes de bois*
- *Rondelles de citron et d'orange séchées, bâtons de cannelle*

1 *Faites fondre un peu de gel dans une vieille casserole réservée à cet usage.*

2 *Fixez la mèche bien au centre du vase en faisant couler quelques gouttes de gel fondu et maintenez-la bien droite à l'aide des 2 baguettes et de la pince à linge (voir p. 4, § « Gel »).*

3 *Trempez les rondelles une à une dans le gel en faisant bien attention à ne pas vous brûler et positionnez-les contre les parois du vase.*

Laissez prendre pendant quelques minutes.

4 *Trempez également les bâtons de cannelle, un à un, dans le gel, placez-les délicatement, loin de la mèche.*

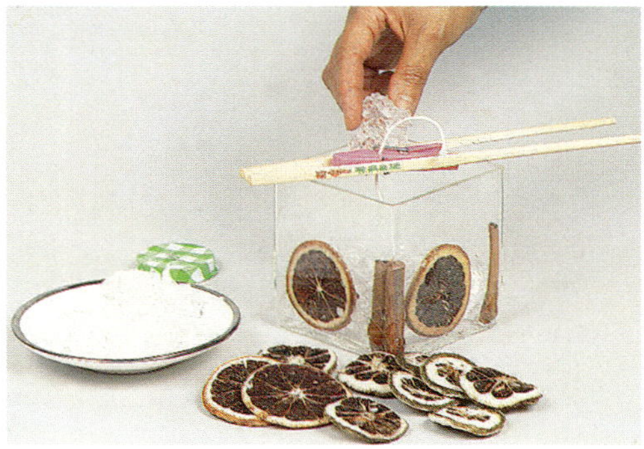

5 *Disposez quelques morceaux de gel translucide.*

6 *Remplissez le vase de gel fondu à quelques millimètres du bord.*

Bougie et bris de verre appliqués

Bougie

ET BRIS DE VERRE APPLIQUÉS

F O U R N I T U R E S

- *1 moule (type emballage de jus de fruits)*
- *1 kg de cire blanche à faire fondre*
- *Mèche de coton*
- *Baguette de bois*
- *Petits morceaux de verre dépoli ramassés sur la plage*
- *Liquide vaisselle ou vaseline*
- *Pinceau large*
- *Ciseaux*

1 *Faites fondre la cire blanche au bain-marie.*

2 *Badigeonnez l'emballage, qui va servir de moule, de liquide vaisselle ou de vaseline à l'aide du pinceau.*

3 *Placez et fixez la mèche au fond du moule en versant quelques gouttes de cire liquide.*

4 *Maintenez la mèche en l'enroulant autour de la baguette posée sur les bords du moule.*

5 *Versez la cire en totalité.*

6 *Laissez refroidir quelques heures, puis démoulez en découpant le moule aux ciseaux. La bougie va se décoller facilement.*

7 *Essuyez la bougie avec du papier absorbant pour ôter toute trace de liquide vaisselle ou de vaseline.*

8 *Pour coller les morceaux de verre, trempez le pinceau dans de la cire chaude, placez quelques gouttes de cire sur la bougie et appliquez aussitôt le morceau de verre. Décorez ainsi chacune des faces de la bougie.*

Bougie blanche aux grains de café

Bougie blanche
AUX GRAINS DE CAFÉ

F O U R N I T U R E S

- *1 grosse bougie blanche*
- *Grains de café*
- *Cire blanche à faire fondre*
- *Brosse*

1 *Faites chauffer un peu de cire blanche au bain-marie que vous maintiendrez chaud tout le temps de la réalisation.*

2 *Tenez en main votre bougie.*

3 *À l'aide de la brosse, prélevez un peu de cire chaude et appliquez-la sur la bougie. Collez aussitôt 2 ou 3 grains de café bien régulièrement.*

4 *Répétez l'opération jusqu'à ce que la base de la bougie (ou toute la bougie) soit décorée de grains de café bien serrés les uns contre les autres.*

Mon conseil

Vous pouvez varier les décorations de vos bougies avec de l'anis étoilé, des bâtons de cannelle, des lentilles, des haricots en grains, des copeaux de bois, de la mousse, du lichen.
Veillez cependant à ne décorer que la base des bougies et ne les laissez pas allumées sans surveillance puisqu'elles sont recouvertes de matériaux inflammables.

GROS ŒUF DENTELÉ

GROS ŒUF
DENTELÉ

FOURNITURES

- *1 moule en plastique (ici un moule d'œuf en chocolat)*
- *500 g de cire blanche*
- *Colorant rouge*
- *Mèche de coton*
- *Liquide vaisselle*
- *Pinceau large*
- *Scotch*
- *Baguette de bois*
- *Entonnoir*
- *Nombreux glaçons*

1 Faites fondre la cire blanche au bain-marie. Ajoutez le colorant rouge et remuez bien avec la baguette de bois.

2 Ouvrez le moule. Badigeonnez les deux parties avec du liquide vaisselle à l'aide du pinceau.

3 Enfilez la mèche de part et d'autre, puis fixez-la à l'aide de la baguette une fois l'œuf fermé et retourné.

4 Scotchez le pourtour du moule pour éviter toute coulure.

5 Remplissez entièrement le moule avec des glaçons.

6 Faites couler la cire en vous aidant de l'entonnoir.

7 Prenez le moule délicatement et plongez-le quelques minutes dans un récipient rempli d'eau froide afin de refroidir le plus rapidement possible la cire autour des glaçons. Reposez-le sur son support et laissez-le refroidir plusieurs heures.

8 Retirez le Scotch et démoulez la bougie au-dessus de l'évier ou d'un torchon pour absorber la glace fondue.

9 Essuyez délicatement la bougie avec du papier absorbant pour éliminer toute trace d'eau et de liquide vaisselle.

10 Laissez sécher la bougie pendant quelques heures avant de l'allumer.

BOUGIE-CADEAU

Bougie-cadeau

FOURNITURES

- 1 moule en carton (type emballage de jus de fruits)
- Cire blanche à faire fondre
- Crayons pastel (bleu, rouge, orange)
- Vaseline ou liquide vaisselle
- Mèche de coton
- Baguette de bois
- Pinceau large
- Couteau de cuisine
- Ciseaux

1 *Faites fondre la cire au bain-marie dans 2 boîtes de conserve.*

2 *Ajoutez les colorants bleu et rouge dans une des boîtes, et le colorant orange dans l'autre. Tournez avec la baguette de bois pour obtenir un mélange homogène.*

3 *Enduisez le moule de vaseline à l'aide du pinceau.*

4 *Placez et fixez la mèche en l'enroulant sur la baguette posée sur les bords du moule.*

5 *Remplissez le moule de cire et laissez prendre la bougie.*

6 *Démoulez la bougie en découpant le carton avec les ciseaux.*

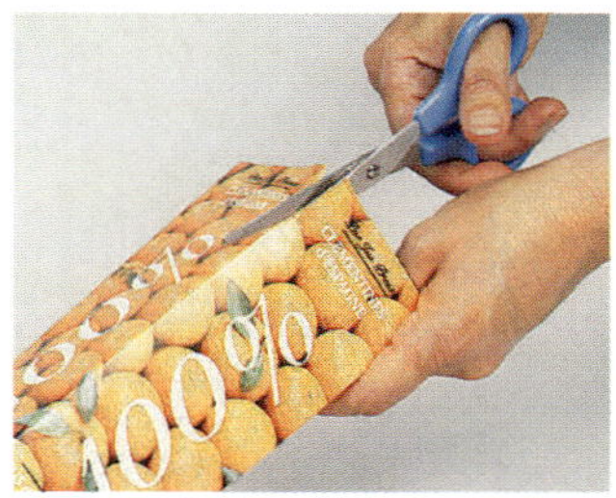

7 *Faites couler la cire orange sur le plan de travail et laissez-la prendre. À l'aide du couteau, découpez des bandes dans la cire encore tiède, puis fixez-les sur les côtés de la bougie.*

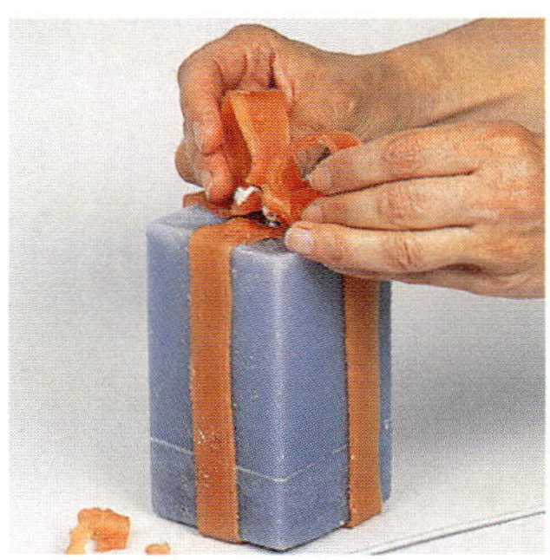

8 *Formez des boucles sur le dessus en veillant bien à épargner la mèche de la bougie.*

BOUGIE
AU CHOCOLAT

FOURNITURES

- *1 petit pot à confiture*
- *Cire blanche à faire fondre*
- *1 cuillerée à café de chocolat en poudre (type cacao pur)*
- *Mèche de coton*
- *Baguette de bois*
- *Sable jaune*
- *Quelques écorces (pot-pourri)*
- *1 vase de verre*

1 Faites fondre la cire blanche au bain-marie.

2 Fixez la mèche au fond du petit pot à l'aide de quelques gouttes de cire chaude.

3 Ajoutez le chocolat en poudre dans la cire liquide et tournez à l'aide de la baguette afin de rendre le mélange bien homogène.

4 Versez la cire teintée dans le petit pot. Laissez-la refroidir complètement.

5 Pour démouler, enveloppez le pot dans un torchon et, à l'aide d'un marteau, brisez-le d'un coup sec.

6 Nettoyez soigneusement la bougie à l'aide d'un chiffon ou de papier ménager afin d'éliminer tous les éclats de verre.

7 Disposez quelques rondelles de bois au fond du vase.

8 Faites couler un peu de sable jaune.

9 Ajoutez une poignée de morceaux d'écorces.

10 Placez la petite bougie parfumée au chocolat sur le lit de sable.

Bougie cailloux violine

Bougie cailloux

VIOLINE

(pour l'extérieur)

FOURNITURES

- *1 récipient de verre accompagné d'un support en fer*
- *Paraffine violette en petits cailloux*
- *Grosse mèche pour extérieur*

1 *Placez le récipient de verre sur son support.*

2 *Garnissez le fond avec quelques petits cailloux de paraffine.*

3 *Positionnez la grosse mèche bien verticalement.*

4 *Ajoutez tout autour quelques poignées de paraffine jusqu'à 1,5 cm du bord.*

Mon conseil

La fabrication de cette bougie ne présente aucun danger de manipulation, elle peut être réalisée par un enfant.

BOUGIE ACIDULÉE

Bougie acidulée

FOURNITURES

- *1 moule polygonal en plexiglas*
- *Cire blanche à faire fondre*
- *Bougies colorées*
- *Mèche de coton*
- *Couteau de cuisine*

1 *Coupez les bougies colorées en morceaux à l'aide du couteau de cuisine.*

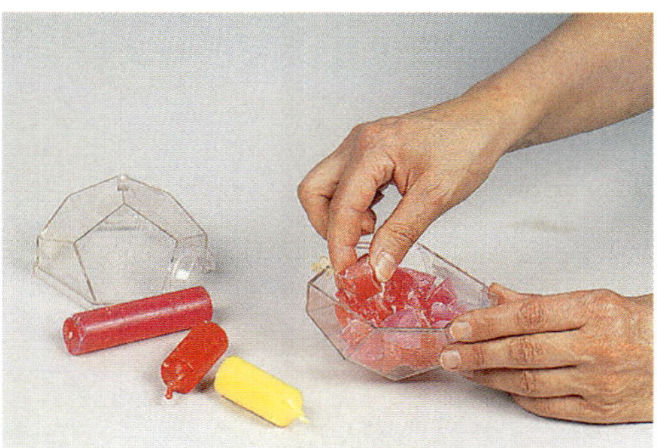

2 *Disposez-les à l'intérieur des deux moitiés du moule.*

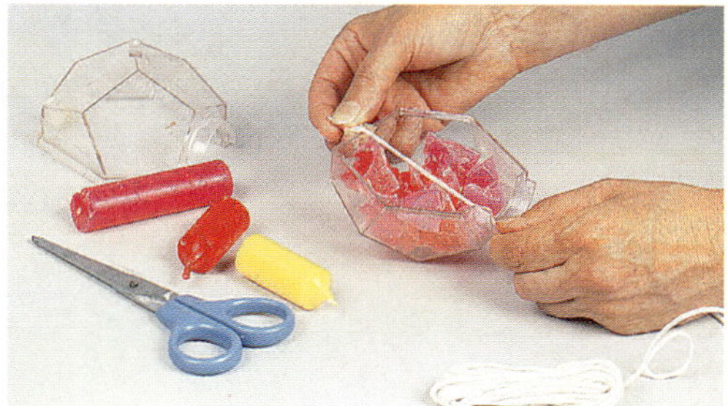

3 *Placez la mèche de la bougie.*

4 *Refermez le moule en pressant bien les parois.*

5 *Agitez le moule et ajoutez à nouveau quelques morceaux de bougie jusqu'au col du moule.*

6 *Faites chauffer la cire blanche au bain-marie.*

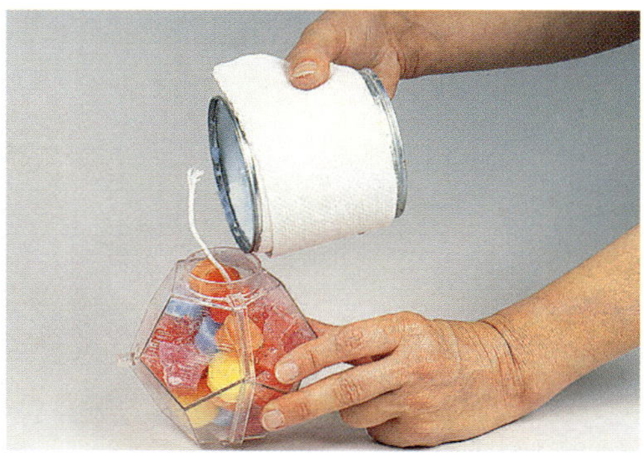

7 *Versez-la doucement dans le moule jusqu'à ras bord.*

8 *Démoulez après complet refroidissement.*

GRANDE BOUGIE DE LA MER

GRANDE BOUGIE
DE LA MER

F O U R N I T U R E S

- *1 grand vase de verre*
- *Gel*
- *Mèche de coton*
- *Galets, gros bigorneaux, petites éponges*
- *Baguette de bois*

1 *Placez les galets au fond du vase, puis ajoutez quelques bigorneaux préalablement lavés et rincés dans plusieurs eaux, puis quelques petites éponges.*

2 *Faites fondre le gel au bain-marie, ou dans une petite casserole réservée à cet usage, à 70/90 °C.*

3 *Remplissez d'eau jusqu'à recouvrir les éponges de 4 à 5 cm avant de faire couler le gel sur une épaisseur de 4 à 5 cm. La mèche ne doit pas entrer en contact avec les éléments inflammables.*

Variante

Vous pouvez également réaliser une bougie carrée (voir p. 46) et remplir le vase d'eau uniquement ; déposez ensuite délicatement la bougie que vous aurez fabriquée à la surface de l'eau : vous obtiendrez une bougie flottante sur un décor de mer.

ŒUFS BLANC ET JAUNE

ŒUFS BLANC
ET JAUNE

FOURNITURES

- *2 œufs frais*
- *Cire blanche à faire fondre*
- *Bougie jaune*
- *Mèche de coton*
- *Emporte-pièce ou couteau*
- *Planche à découper*

1 Gobez 1 œuf en le perçant aux deux extrémités. Lavez plusieurs fois la coquille.

2 Faites chauffer la cire blanche au bain-marie.

3 Enfilez la mèche de part et d'autre de l'œuf en veillant bien à ne pas briser la coquille.

4 Faites couler quelques gouttes de cire au fond de la coquille et laissez-la refroidir afin de bien obturer le trou.

5 À l'aide d'un petit entonnoir réalisé dans un papier un peu fort ou trouvé dans une dînette, remplissez la coquille de cire blanche, puis laissez-la refroidir.

6 Cassez la coquille afin de libérer la bougie.

7 Recommencez l'opération avec l'autre œuf vidé et lavé.

8 Faites fondre la bougie jaune, puis versez-la sur la planche à découper.

9 À l'aide d'un emporte-pièce ou d'un couteau, découpez des décorations que vous appliquerez encore chaudes sur le pourtour de l'œuf en pressant immédiatement les deux formes l'une contre l'autre.

Mon conseil

Si la décoration venait à se détacher, posez quelques gouttes de cire chaude sur l'œuf à l'aide d'un pinceau, puis collez à nouveau la décoration.

BOUGIE GEL AUX PETITS PIMENTS

BOUGIE GEL
AUX PETITS PIMENTS

FOURNITURES

- *1 vase de verre*
- *Gel à faire fondre*
- *Mèche de coton*
- *Petits piments séchés*
- *Baguette de bois*
- *Couteau de cuisine*

1 Faites fondre le gel dans une vieille casserole réservée à cet usage.

2 Découpez sur le plan de travail des morceaux de gel.

3 Placez la mèche au fond du vase en faisant couler quelques gouttes de gel fondu et maintenez-la fixée en l'enroulant sur la baguette posée sur les bords du vase.

4 Trempez 2 ou 3 petits piments dans le gel liquide.

5 Fixez-les au fond du vase.

6 Ajoutez quelques morceaux de gel.

7 Trempez 2 ou 3 petits piments dans le gel liquide et fixez-les loin de la mèche, vers les parois, cela les empêchera de remonter à la surface lorsque vous ajouterez le gel liquide.

8 Ajoutez quelques morceaux de gel sur les piments, puis versez le restant du gel liquide. Laissez prendre.

Mon conseil

Attention, ne laissez jamais les bougies allumées sans surveillance. Celle-ci contient des matériaux inflammables, elle est essentiellement décorative.

BOUGIE BLANCHE SABLONNEUSE

BOUGIE BLANCHE
SABLONNEUSE

FOURNITURES

- *1 boîte de conserve*
- *Cire blanche à faire fondre*
- *Bougie en poudre*
- *Mèche de coton*
- *Baguette de bois*
- *Vaseline ou liquide vaisselle*
- *Pinceau large*
- *Ouvre-boîtes*

1 *Enduisez la boîte de conserve, qui va servir de moule, de vaseline ou de liquide vaisselle à l'aide du pinceau.*

2 *Faites chauffer la cire blanche au bain-marie.*

3 *Disposez la mèche de la bougie, fixez-la en faisant couler quelques gouttes de cire chaude, puis maintenez-la en l'enroulant sur la baguette de bois. Posez la baguette sur la boîte.*

4 *Versez la cire liquide dans la boîte de conserve. Laissez-la refroidir.*

5 *Pour démouler, ouvrez le fond de la boîte à l'aide de l'ouvre-boîtes et pressez-le doucement. La bougie se démoulera facilement.*

6 *Étalez la bougie en poudre dans un récipient creux.*

7 *Faites fondre la paroi de la bougie dans une petite casserole et appliquez la bougie immédiatement sur la cire en poudre.*

8 *Répétez l'opération jusqu'à ce que la bougie soit entièrement recouverte de poudre.*

PETITES BOUGIES FLEURIES

PETITES BOUGIES
FLEURIES

F O U R N I T U R E S

- *Bougies blanches*
- *Fleurs ou feuilles séchées*
- *Cire blanche à faire fondre*
- *Brosse*

1 *Faites chauffer un peu de cire blanche au bain-marie que vous maintiendrez chaud tout le temps de la réalisation.*

2 *Trempez la brosse dans la cire liquide chaude.*

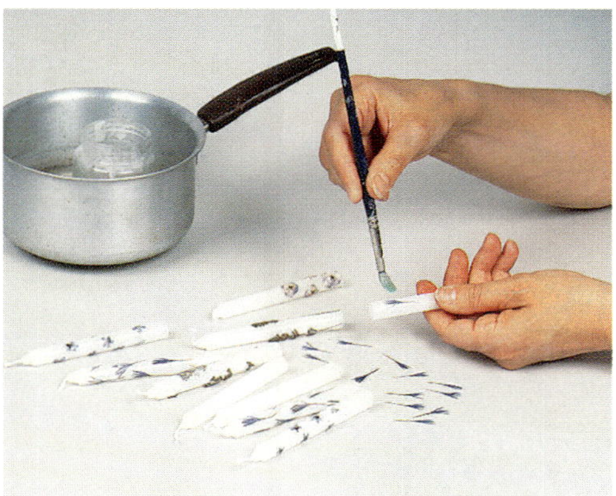

3 *Appliquez un peu de cire chaude sur la bougie et collez aussitôt une fleur, un pétale ou une feuille.*

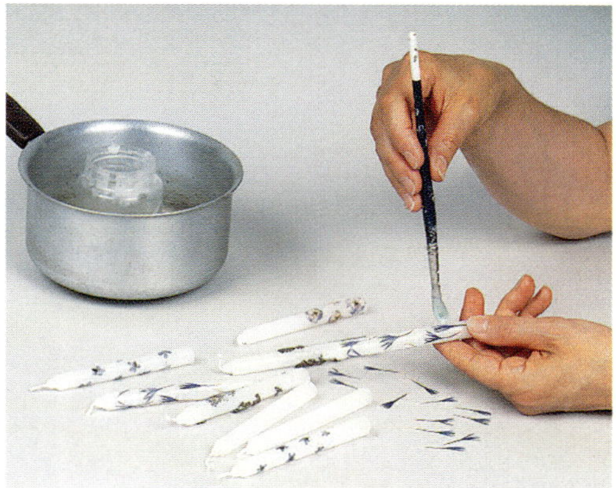

4 *Répétez l'opération jusqu'à la complète décoration de la bougie.*

Mon conseil

Pour faire sécher des fleurs, des feuilles ou des pétales, placez-les pendant quelques jours dans un gros livre, entre des feuilles de papier buvard ou de papier ménager pour ne pas tacher les pages.

Bougies rose et doré

Bougies

ROSE ET DORÉ

F O U R N I T U R E S

- *Bougies ivoire ou blanches (à acheter en grandes surfaces, jardineries, etc.)*
- *4 brosses souples (1 par couleur)*
- *Peintures acryliques rose pâle, blanche, fuchsia, or*
- *Pinceau plat*
- *Vernis pour bougies*

1 À l'aide d'une brosse, mettez un peu de peinture acrylique dans le bouchon et délayez à peine la couleur.

2 Préparez ainsi vos quatre couleurs.

3 Tenez votre bougie en main et passez quelques touches d'une couleur.

4 Changez de brosse sans attendre et appliquez, par petits gestes, quelques touches d'une autre couleur.

5 Changez de brosse et continuez de la même façon jusqu'à ce que tout le pourtour de la bougie soit recouvert de peinture.

6 Il est possible, en trempant la brosse dans l'or un peu plus dilué, d'appliquer quelques gouttelettes or sur les touches roses et blanches, en frottant les poils de la brosse avec l'index.

7 Laissez sécher complètement.

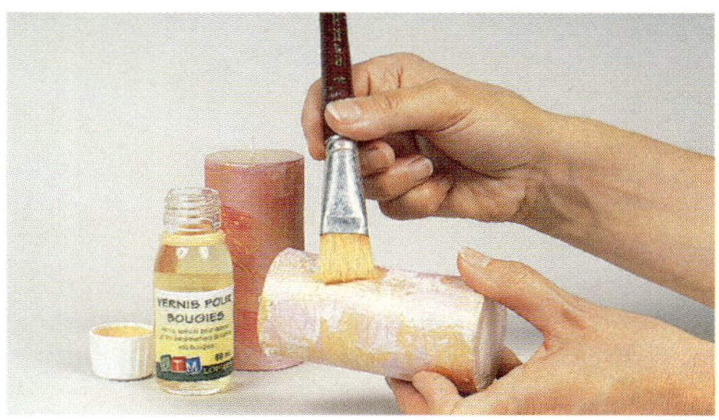

8 Vous pouvez vernir vos bougies à l'aide d'un pinceau sec et plat et d'un vernis brillant.

Petits lampions roses

PETITS LAMPIONS
ROSES

FOURNITURES

- *Petits pots de confiture lavés et rincés*
- *Mèche de coton*
- *Bougie en poudre rose parfumée*
- *Baguette de bois*

1 *Faites fondre au bain-marie la cire en poudre rose.*

2 *Placez la mèche au fond du pot et maintenez-la fixée sur le bord du moule à l'aide de la baguette.*

3 *Remplissez le petit pot de cire liquide rose.*

Variante n° 1

1 *Placez et fixez la mèche.*

2 *Versez ensuite de la cire en poudre aux 3/4 du petit pot.*

3 *Complétez par une épaisseur de 1 cm de cire rose liquide.*

4 *Laissez refroidir.*

Variante n° 2

1 *Placez la mèche et remplissez entièrement le petit pot de cire rose en poudre.*

Mon conseil

Cette seconde variante peut être entièrement réalisée par un enfant, car elle ne présente aucun danger de manipulation.

Bougies brun-rouge en fête

Bougies brun-rouge
EN FÊTE

F O U R N I T U R E S

- *Bougies rouges*
- *Fil de laiton*
- *Ciseaux*
- *Paillettes de différentes formes et couleurs*

1 Enroulez le fil de laiton autour de la base de la bougie et serrez bien le fil sur lui-même.

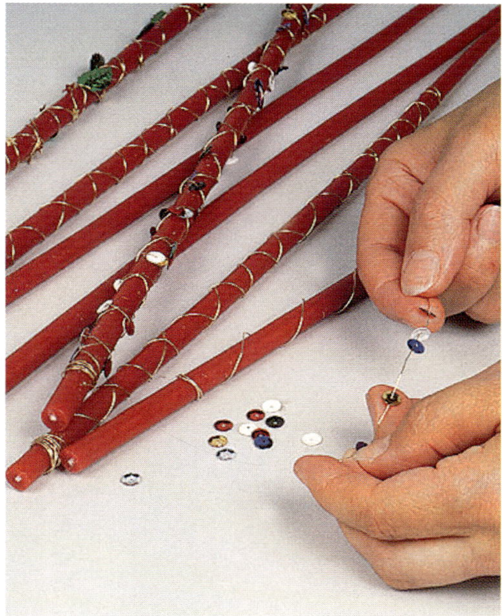

2 Enfilez les paillettes une à une sur un autre fil de laiton, puis faites un tour avant d'enfiler une autre paillette…

3 Continuez ainsi jusqu'en haut de la bougie.

4 Coupez le fil à l'aide des ciseaux.

Mon conseil

Attention, en raison des matériaux employés, ces bougies sont essentiellement décoratives. Il est préférable d'ajouter des bougies non décorées et de n'allumer que ces dernières.

BOUGIE GEL BORD DE MER

BOUGIE
GEL BORD DE MER

FOURNITURES

- *1 vase de verre*
- *Gel à faire fondre*
- *Mèche de coton*
- *Petits galets*
- *Coquillages lavés et abondamment rincés*
- *Étoiles de mer*
- *Pince à linge*
- *2 baguettes de bois*

1 *Faites fondre le gel au bain-marie, ou dans une petite casserole réservée à cet usage, à 70/90 °C.*

2 *Fabriquez, à l'aide d'une pince à linge et de 2 baguettes de bois collées de part et d'autre, un petit ustensile qui servira à maintenir la mèche bien droite tout au long de sa fabrication.*

3 *Fixez la mèche au fond du vase en faisant couler quelques gouttes de gel, pincez-la et laissez les baguettes reposer sur les bords du vase.*

4 *Déposez joliment les galets au fond du vase, faites couler un peu de gel et laissez prendre quelques minutes.*

5 *Disposez quelques coquillages et étoiles de mer, loin de la mèche, sur le gel refroidi.*

6 *Versez le restant du gel.*

Bougies orange

BOUGIES
ORANGE

FOURNITURES

- *Cire blanche en pastilles*
- *Colorant orange liquide ou en pastilles*
- *Mèche de coton*
- *Baguette de bois*
- *Planche à découper*
- *Couteau de cuisine*

1 *Faites fondre doucement, au bain-marie, quelques poignées de cire blanche en pastilles et un peu de colorant orange. (Vous pouvez aussi casser un crayon de cire et le faire fondre en même temps que la cire.)*

2 *Tournez à l'aide de la baguette, afin que le colorant se répartisse bien. Si vous désirez vous assurer de la couleur obtenue, il vous suffit de verser quelques gouttes de cire sur le plan de travail à l'aide de la baguette. Opérez rapidement car les pastilles ne doivent pas fondre complètement.*

3 *Versez doucement la cire chaude sur la planche à découper.*

4 *Disposez la mèche, coupez-la à la bonne longueur.*

5 *À l'aide du couteau de cuisine, enroulez la cire tiède autour de la mèche irrégulièrement. Laissez-la refroidir.*

Bougie gel bleutée et cailloux de verre

BOUGIE GEL BLEUTÉE

ET CAILLOUX DE VERRE

FOURNITURES

- *1 vase de verre*
- *Gel à faire fondre*
- *Colorant bleu liquide*
- *Mèche de coton*
- *Cailloux de verre translucides, bleu clair et bleu foncé*
- *2 baguettes de bois*
- *Pince à linge*

1 *Fixez la mèche au fond du vase en faisant couler quelques gouttes de gel fondu. Placez à l'intérieur du vase une couche de cailloux bleu foncé.*

2 *Puis une couche de cailloux bleu clair.*

3 *Terminez par une couche de cailloux translucides.*

4 *Remplissez d'eau, juste au-dessus des cailloux de verre.*

5 *Faites fondre le gel dans une petite casserole en ajoutant quelques gouttes de colorant bleu, mélangez avec une baguette afin de bien le répartir. Recouvrez les cailloux d'eau.*

6 *Versez le gel teinté de bleu à la surface de l'eau et positionnez la mèche à l'aide de la pince à linge et des baguettes jusqu'à complet refroidissement du gel.*

TROIS BOUGIES ROSE, BLEUE, ROSE ET BLEU

TROIS BOUGIES

ROSE, BLEUE, ROSE ET BLEU

FOURNITURES

- *3 bougies blanches*
- *Cire blanche à faire fondre*
- *Colorants (rose, bleu)*
- *Baguette de bois*
- *Papier ménager*
- *2 brosses (1 par couleur)*

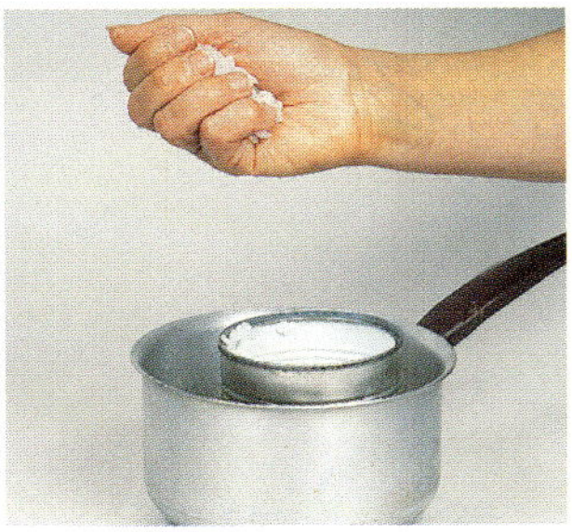

1 *Faites fondre la cire blanche au bain-marie dans 2 bocaux ou boîtes de conserve.*

2 *Dans un bocal, ajoutez le colorant rose, dans l'autre le colorant bleu. Mélangez avec la baguette de bois pour que les colorants se répartissent bien.*

3 *Protégez votre plan de travail avec du papier ménager.*

4 *D'une main, prenez une bougie blanche par la mèche afin de ne pas vous brûler.*

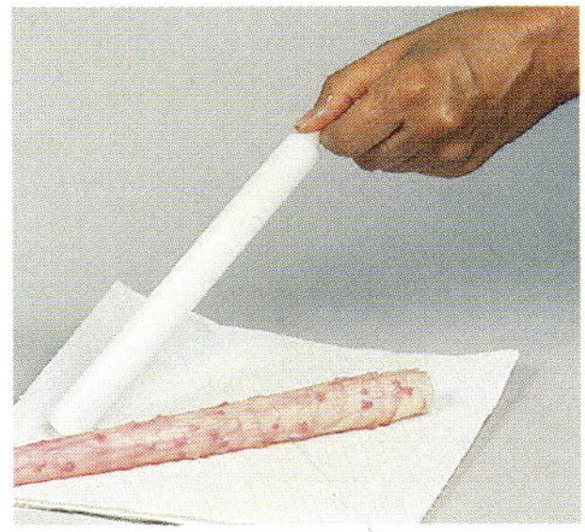

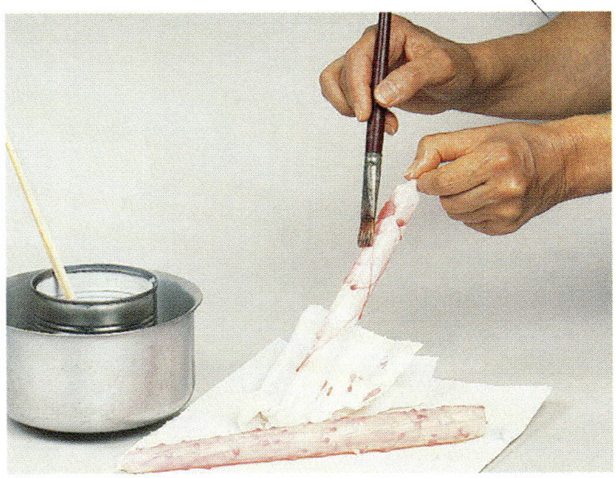

5 *De l'autre main, plongez la brosse dans la cire rose et pressez-la contre la bougie ; la cire chaude coulera et perlera le long de la bougie, recommencez.*

6 *Faites pivoter la bougie et répétez l'opération.*

7 *Changez de couleur, plongez l'autre brosse dans la cire bleue et procédez de la même façon.*

8 *Laissez refroidir complètement.*

L'auteur dédie ce livre
à ses enfants Marie, Sophie et Baptiste.

Secrétariat d'édition : Mireille Touret
Maquette : Filigrane

Dépôt légal : 4930.10.2000
N° éditeur : 0F6332
ISBN : 2.01.620815.1
62.61.0815.1

Impression : G. Canale & C.S.p.A., Turin (Italie).